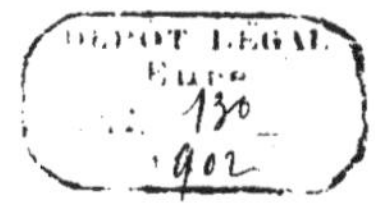

s artistes de tous les temps

SÉRIE C. — TEMPS MODERNES

Léonce BÉNÉDITE

FÉLIX BUHOT

FÉLIX BUHOT

ÉTUDE ET CATALOGUE DE L'ŒUVRE DE CET ARTISTE

EXPOSÉ

AU MUSÉE NATIONAL DU LUXEMBOURG

L'ÉTUDE DE M. LÉONCE BÉNÉDITE EST EXTRAITE

DE

LA REVUE DE L'ART ANCIEN ET MODERNE

LES ARTISTES DE TOUS LES TEMPS

Série C. — Temps modernes

FÉLIX BUHOT

PAR

LÉONCE BÉNÉDITE

CONSERVATEUR DU MUSÉE NATIONAL DU LUXEMBOURG

ÉTUDE BIOGRAPHIQUE ET CRITIQUE

SUIVIE DU

CATALOGUE DE L'ŒUVRE GRAVÉ

DE CET ARTISTE

EXPOSÉ AU MUSÉE DU LUXEMBOURG

PARIS

LIBRAIRIE DE L'ART ANCIEN ET MODERNE

ANCIENNE MAISON J. ROUAM ET Cie

60, rue Taitbout, 60

FÉLIX BUHOT

Félix Buhot a bien un droit tout particulier à l'hommage que lui rend aujourd'hui le musée du Luxembourg[1]. Car il fut non seulement un artiste d'imagination vive et de savoir consommé, mais encore une intelligence ouverte et généreuse, un esprit critique très avisé qui, conscient de la mission hautement pédagogique des musées, avait tenté de répandre la connaissance méthodique de son art à travers toutes les galeries de France.

On n'a pas oublié la campagne active et suivie que cet homme modeste, ennemi du bruit et de la publicité, ne craignit pas d'entreprendre dans le *Journal des Arts*, en articles pleins de bon sens et de verve, pour obtenir qu'on instituât dans les musées de province des salles d'estampes. Je n'oublierai pas, pour mon compte, les entretiens que j'eus avec lui sur ce sujet qui nous était cher à tous deux. En reprenant au Luxembourg, après presque cinquante années d'abandon, l'idée de Charles Blanc et de Jean-

[1] L'exposition de l'œuvre de Félix Buhot s'y ouvrira au moment où paraîtront ces lignes.

ron, réalisée pour un temps trop court par Villot, je me suis trouvé continuer en un certain sens l'œuvre d'enseignement et de propagande à laquelle s'était attaché, d'un cœur si fervent et si désintéressé, Félix Buhot. Il était donc juste que le Luxembourg ne tardât pas plus longtemps à consacrer la mémoire de cet artiste dont le souvenir est resté, pour ceux qui l'ont connu, si mélancolique et si charmant, et dont l'œuvre rare exhale un parfum pénétrant de

F. Buhot. — Valognes, vue prise des jardins.

tendresse et d'ironie, de gouaillerie et de tristesse, avec une petite pointe chaude, aiguë et poivrée, d'étrangeté discrète et d'excentricité de bon aloi.

Sa physionomie était à la fois originale et sympathique, image vivante, extérieure et expressive de toute cette âme ardente et fière, expansive et farouche, qui tantôt se donnait et tantôt se refermait. Le plus juste et le plus délicat portrait de cette figure joliment paradoxale, fine et nerveuse, aux yeux clairs, à l'air en même temps bienveillant et un peu méphistophélique, a été tracé par un ami, M. Arsène Alexandre, en termes qu'on ne saurait transposer ni paraphraser[1] :

[1] Gustave Bourcard, *Félix Buhot*, peintre-graveur, catalogue descriptif de son œuvre gravé, préface d'Arsène Alexandre. Paris, Floury, 1899.

F. Buhot. — « L'Abri » a Dinard

« Le personnage, écrit-il, était charmant à voir et à entendre. Il représentait vraiment le Français dans ce qu'il a de chevaleresque, de séduisant et de loyal lorsqu'il est pur de race, fidèle à ses origines et aux vertus de nos pères. C'était quelque chose de très sobre et de très élégant; la démarche aisée trahissait dès l'abord le raffinement, l'éducation exquise. La fierté très grande donnait de la trempe et du prix à la tendresse qui ne demandait qu'à briller et à s'épandre; la vivacité extrême alternait avec la rêverie attristée; en un mot, c'était un mouvement perpétuel de grâce et de tourment...

F. Buhot. — Une rue du vieux Valognes

« Observez son visage, son allure; cela ne ressemble à personne. Le corps est frêle, élancé, avec des mouvements souples et d'une distinction simple. L'œil est noir et brillant comme le jais, mais sa vivacité se tempère d'une inexprimable douceur; la barbe blanche contraste avec la figure jeune; la moustache noire avec la barbe blanche; l'air un peu railleur avec l'expression tendre; le désir impétueux de se livrer avec l'instinct invincible de se tenir en garde. »

La vie de Buhot a été racontée bien des fois. Il naquit en 1847 à Valognes, petite ville normande, dans la presqu'île de la Manche, dont il s'est plu, souvent, de sa plume, de son crayon ou de sa pointe, à retracer le caractère mélancolique de ville morte, traditionnelle, demeurée croyante, ce qui, écrit-il, « est encore une forme de l'aristocratie, par le temps où nous vivons ».

F. Buhot. — Le débarquement en Angleterre (Eau-forte).

Orphelin de bonne heure, il fit ses études secondaires dans le collège de sa ville natale, prit son baccalauréat à la Faculté de Caen, en 1865, et vint à la fin de la même année à Paris. Dans ces premières années de jeunesse, son intelligence s'était trouvée sollicitée à peu près également par deux vocations très distinctes : la carrière artistique et le professorat. Ce fut celle-ci qui parut l'emporter; il prépara quelque temps sa licence ès lettres, mais, sentant bientôt qu'il avait fait fausse route, il s'engagea résolument dans l'autre voie.

Il se fit donc inscrire aux cours de la petite école de dessin de la rue de l'École-de-Médecine, et, pour rappeler encore une fois, avec tout le respect qu'il mérite, le nom de Lecoq de Boisbaudran, ce maître que Burty a qualifié « le plus intelligent et le plus persécuté des professeurs d'art de notre époque », je dirai que Buhot fut de ceux qui eurent la bonne fortune de recevoir les leçons de ce pédagogue admirable dont tous les disciples se reconnaissent, au premier rang de notre école, par un caractère commun fait à la fois d'indépendance et de forte discipline intellectuelle. Nous verrons que cet enseignement porta ses fruits.

Il traversa ensuite l'atelier de Pils à l'École des Beaux-Arts ; puis celui du peintre de marines Jules Noël. Entre temps, pour suffire aux besoins de sa modeste existence, il chercha un petit emploi et obtint la place de secrétaire du député de son arrondissement, le général Meslin.

Il employait ses loisirs à parcourir avec ardeur les salles du Louvre. Il commençait à publier ses premières lithographies quand surgirent les terribles événements de 1870. Comme nombre de ses camarades, Buhot n'attendit pas l'appel désespéré de la patrie blessée qui réclamait impérieusement toutes les vaillances et toutes les énergies de ses fils. Il s'engagea spontanément, dès les premiers désastres, et fut incorporé dans les mobiles de la Loire, dans cette armée de Chanzy dont il partagea les fatigues et les luttes héroïques et où il gagna le double galon de sergent-major.

La paix, si l'on peut appeler ainsi la cessation de la guerre, la paix triste et douloureuse le rendit au cours de ses premières occupations. Il traîna d'abord, quelque temps, le long des côtes de sa presqu'île normande, comme pour ressaisir le calme de l'esprit après tant de mauvais jours, mais, bientôt, il reprit le chemin de Paris. Rentré dans l'Université comme répétiteur au collège Rollin, il joignait à ces fonctions de surveillance la direction d'un cours de dessin. Comme vous pensez, de même que ses anciens condisciples de l'école de Lecoq de Boisbaudran, Legros ou Cazin, Buhot ne pouvait oublier les précieuses leçons de son maître. Il reprit à sa façon le principe de l'enseignement de mémoire. Cette hérésie inquiéta si fort les dispensateurs orthodoxes de l'enseignement officiel que Buhot dut quitter l'Université et ne demanda plus désormais son pain et celui des siens qu'à son art.

F. Buhot. — Un enterrement

Dès lors son existence se partagea tantôt entre Paris, ce Paris qu'il avait si bien compris et que pourtant, à la fin, son cœur souffrant et désemparé se mettait à détester et croyait n'avoir jamais aimé, et Londres qu'il affectionna toujours beaucoup, Londres où il exécuta les pièces qu'on peut considérer comme ses chefs-d'œuvre, Londres où il épousa la femme intelligente et courageuse qui devait être la mère de ce cher « petit Jean », le dernier espoir de ses derniers jours ; tantôt entre son « cher vieux petit Valognes » où il retournait de temps en temps, et sa villa de Dinard, *l'Abri*, où il ira, au bout de sa vie lassée et désenchantée, s'enfouir dans la solitude « comme se cache un animal blessé[1] » . Il est mort à Paris en mai 1898.

[1] Ph. Zilcken, *Souvenirs*, lettre de Buhot, Floury, édit.

Tout son œuvre nous apparaît d'ailleurs comme le miroir fidèle de sa vie extérieure et intérieure, comme la plaque impressionnable vivement émue au cours changeant de ses visions et de ses rêves, de ses goûts et de ses caprices, de ses songeries et de ses cauchemars, et aussi de ses préoccupations professionnelles qui devaient dégénérer en douloureuses tribulations.

F. Buhot. — Vues de Valognes (études).

L'œuvre gravé de Buhot est loin d'être considérable. M. Gustave Bourcart, dans son excellent catalogue, le fixe à 186 numéros, encore faut-il y comprendre le menu fretin des illustrations, vignettes, etc., et en déduire les répétitions, les reprises, les planches divisées. C'est que toute une partie de sa vie s'est épuisée soit en recherches passionnées et dévorantes de technique ou plus justement d'impressions, en mise en état de ses œuvres, soit en heures d'angoisses et en heures d'impuissance et de découragement.

Car si l'art a ses pontifes, il a aussi ses martyrs, et, comme l'écrivait déjà son confrère et ami Ph. Zilcken, Buhot fut un vrai martyr de l'estampe.

Ceux qui n'ont pas feuilleté, après sa mort, les cartons où s'accumulent, en innombrables *états*, les essais, les tâtonnements, les hésitations de toute nature d'un graveur vraiment voué à son art, ne savent point quel calvaire peut gravir une vie d'artiste.

Qu'on se rappelle toute l'existence torturée de ce grand ascète de génie que fut Gaillard ! Buhot, qui se qualifiait également lui-même de « moine ascète et morose », Buhot nous dit quelque chose de ces tourments dans certains de ses écrits et dans des lettres à des amis qui sont émouvantes à lire comme une confession *in extremis*. « Les *épreuves*, écrit-il, m'ont mangé tout entier, temps et cervelle. » Mais le mieux encore est de parcourir son œuvre et d'apprendre d'elle tout ce qu'elle cache d'inquiétudes et d'incurables soucis.

Car le peintre peut éprouver toutes les souffrances de la gestation et de la création ; du moins chez lui l'œuvre, achevée, a sa vie propre. Le graveur non seulement travaille en aveugle, à rebours de son dessin, sans pouvoir se rendre un compte exact des profondeurs du trait, des rapports des blancs et des noirs, que par le tâtonnement des *états* successifs ; non seulement il est livré à l'aventure de toute la chimie et l'alchimie des acides, mais encore il a besoin, comme un musicien de son orchestre, de la collaboration de personnages et d'éléments étrangers. Il aura à subir l'imprimeur, et ses presses, et ses encres, et ses papiers, et surtout ses routines professionnelles.

Et ce n'est rien que d'avoir exécuté une planche ; mais, une fois faite, à quel parti s'arrêter ? Quel état sera définitif ? Y en aura-t-il un de définitif ? Suivant que vous déplacez votre clair-obscur, que vous montez ou que vous baissez votre ton, chaque épreuve peut former comme un tableau différent. Vous pouvez ainsi, avec une seule image, modifier indéfiniment l'heure, l'impression, le sentiment, créer comme autant de tableaux distincts qui vous prendront tous également par un charme particulier.

Voyez donc ce que cet effet peut produire sur une imagination inquiète et exaltée dont il ne peut qu'attiser le tourment ! Gaillard changeait et rechangeait ses fonds, éteignait ou ravivait ses modelés, usait parfois son cuivre par ses tirages préliminaires ; Legros, si tranquille et si robuste, n'a jamais pu rester fidèle à ses compositions originelles, constamment modifiées à chaque état. Buhot, dès qu'il a trouvé son sujet, dès qu'il l'a porté sur le cuivre, vit dans une anxiété incessante au milieu de tous ses divers aspects. Il le tournera à droite, il le tournera à gauche, il en prendra une épreuve, il en tirera

F. Buhot. — La taverne du bagne à Montmartre

une *contre-épreuve ;* il modifiera constamment ses premiers plans, changera ses ciels, bouleversera le clair-obscur, portera l'effet tout au fond ou, au contraire, tout en avant. D'où il s'ensuit que chaque épreuve que l'artiste a jugée digne d'être conservée, jouit d'une individualité distincte.

Cependant chez cet artiste délicat, sensitif, susceptible et tourmenté, l'*état* ne joue qu'un rôle secondaire. On cite de très grands graveurs dt leson états ont un tel accent de maîtrise et d'autorité que les amateurs préfèrent ces travaux préparatoires à l'épreuve définitive. Il n'en est pas ainsi chez Buhot. Certes, nombre de ses états sont admirables de franchise, d'éclat, de méthode ; vous sentez là tout de suite le graveur de race ; pourtant chez lui il faut voir la planche complète, le dernier état. L'épreuve définitive est presque toujours la plus belle. Elle donne toutes ces finesses, toutes ces nuances, toutes ces transparences et ces profondeurs, ces vivacités et cette enveloppe, enfin tout ce caractère mouvant, vivant, brillant et voilé qui est l'âme même de Buhot.

Mais cette épreuve décisive, que de soins elle réclame ! Que d'études, de calculs patients et de révoltes impatientes, que de sueurs et de sacrifices !

Burty, dont l'intelligence clairvoyante avait deviné Buhot à sa sortie du collège Rollin, écrivait que déjà ce fantasque *Tohub* (c'est ainsi, on le sait, qu'il signait ses premiers ouvrages), qui griffonnait de petits croquis pour *Paris à l'eau-forte,* fut du premier coup en possession de tous ses moyens. « Il avait même déjà, ajoute-t-il, l'instinct de la recherche de ces papiers rares qui donnent aux épreuves leur charme par la qualité de leur pâte et la variété de leurs tons. »

Cette question des papiers, elle le poursuit toute sa vie et il rappelle lui-même que, dès 1870, il avait, en un album de douze planches inédites, tirées chacune sur un papier différent, fait « jouer ensemble cette petite symphonie de chambre » de « vergeures saillantes », d' « épidermes délicats », de « feutres épais », de « pâtes moelleuses », sans parler de ces papiers imprégnés d'essence, invention dont il était très fier, qui donnait aux épreuves une si belle couleur et au papier une garantie de durée, mais auxquels il dut renoncer car ils deviennent très cassants.

Et les encres ! Lisez les lettres à Zilcken sur l'idéal des encres, « ce beau bistre fluide, transparent, bronzé » qui ne se trouve plus qu'en Angleterre. Et il maudit les imprimeurs, « ces bourreaux aveugles » qui ont « massacré » ses planches, et il désespère de l'eau-forte, et il essaie de devenir lithographe !

Et néanmoins il coopérait lui-même au tirage avec un collaborateur d'une rare habileté, l'imprimeur Ardail. Du moins exécutait-il seul ses cuivres. Mais, là encore, l'âpre désir de l'absolu le persécutait, le démon de l'esprit de curiosité, fatal à son activité productrice, le tentait, le rivait à des œuvres souvent ingrates.

Le métier de Buhot est loin, assurément, d'être simple ; mais il est libre, il n'est l'esclave ni de règles, ni de canons, ni de formules, ni de recettes. Il confond et mêle sans distinction de hiérarchie arbitraire tous les moyens employés pour obtenir du noir et du blanc en incisant ou en rongeant une planche de métal, frottée d'encre dans les creux. Il n'est pas le serf d'un seul instrument. Car Buhot ne comprenait pas la distinction traditionnelle entre un buriniste, un aquafortiste, un « pointe-séchiste », toutes ces bonnes gens qui se divisent et se groupent suivant le bout par lequel ils cassent leurs œufs. Il se disait que les peintres ne sont pas partagés selon qu'ils se servent de brosses rondes, de brosses plates, de blaireaux ou de couteaux à palette. Il usait donc sans scrupule de tous les outils du graveur : pointe ou burin, échoppe ou roulette, racloir ou brunissoir, et il emploie tous les procédés : eau-forte, pointe-sèche, vernis mou, teinte et aquatinte et surtout ces lavis infiniment délicats qu'il obtenait par la fleur de soufre, et il profite des moindres accidents de la planche, des barbes de la pointe, des gravelures du vernis écorché, et il enlève des blancs au grattoir, au pinceau, à l'estompe, il tripote sa planche avec le chiffon ou avec le pouce ; et il se sert des remorsures avec une habileté si consommée, pour ne pas dire paradoxale, que certaines estampes — nous dit M. G. Bourcard — gravées d'abord en pointe-sèche, puis vernies au rouleau, sont rajeunies par un bain d'acide qui les convertit en eaux-fortes.

Tout cela peut sembler une cuisine de nécromancien ou de monomane. Il n'en est rien. Ce souci exagéré du métier, des pratiques professionnelles, cela vient chez Buhot non d'un goût de virtuosité, de dilettantisme ou de jonglerie, mais uniquement du tourment perpétuel de cette âme inquiète, nerveuse, sensitive au plus haut point, douée d'un jugement très sûr, qui cherchait un moyen d'expression assez parfait, assez délicat, assez affiné, pour fixer avec leur précision et leur vague toutes ces fantaisies immatérielles, toutes ces notations subtiles, toutes ces impressions fines et fortes de nature ou de vie, qui se doublent toujours chez lui, s'enveloppent et

F. Buhot. — Le pont de Westminster a Londres (Eau-forte)

se colorent de toute la sentimentalité légère, exquise et rare de son âme.

Car Buhot peut être un graveur incomparable, il est avant tout un peintre, en ce sens qu'il ne cherche pas à transposer, mais à exprimer directement sa vision et son rêve.

Comme peinture proprement dite, Buhot a produit des études à l'huile ou

F. Buhot. — Souvenir de Gravesend

à la gouache très fines, très fraîches, très vives, d'une originalité discrète, et de beaux dessins fermement établis relevés d'aquarelle. Mais il est peintre surtout par l'estampe, et s'il a choisi ce genre de préférence, c'est sans doute parce qu'il est plus modeste, plus recueilli, moins encombrant, moins accessible aux admirations vulgaires, créé en quelque sorte pour un public restreint de choix ; parce qu'il est un art plus raffiné, offrant comme la médaille ce côté de parfait, de définitif, qu'on trouve seulement, près de l'un ou de l'autre art, dans l'épreuve « fleur de coin » ou dans la « belle épreuve ». C'est aussi parce qu'il permet peut-être plus de fantaisie et de caprice, l'union plus intime du rêve et de la réalité, qu'il accepte plus volontiers l'intrusion de la chimère, de la fiction, de l'élément littéraire ou sentimental.

Et nous dirons simplement que Buhot, graveur et peintre, est encore avant tout un poète. Et si nous ne pouvons, nous surtout, nous désintéresser de la forme de son langage, de son vocabulaire et de sa syntaxe, je veux dire de ses moyens d'expression : ce qui, en somme, doit être considéré par tous, ce qui doit demeurer, c'est cet ensemble choisi de visions, de songeries, d'observations où il met toute son âme aimante, spirituelle et pitoyable, éminemment subjective, qui se mêle à tout ce qu'il voit, qui semble recueillir les confidences des êtres et des choses ; cette âme sympathique qui s'intéresse aux petits ânes résignés, aux oies bavardes, aux porcs ventrus, aux pauvres rosses efflanquées des fiacres, aux vieilles maisons, aux vieux navires et jusqu'aux malheureux parapluies, gonflés, crevés, retournés ; à tous les lamentables êtres humains, transis et déprimés, pressant le pas et courbant l'échine, ballottés par les vents, inondés par l'averse, jouets misérables des éléments et de la vie elle-même, cette vie qu'ils clôturent dans une sorte de mi-carême macabre se découpant en ombres chinoises fantasques et fantastiques sur le fond lépreux des boulevards extérieurs.

Sa « petite ville » de Valognes et sa Normandie lui ont fourni des inspirations finement émues et des pièces dont quelques-unes sont de véritables petits bijoux de collection. Telles, les *Grandes* et les *Petites chaumières*, les *Oies*, et surtout les *Voisins de campagne*.

Avec Paris, s'éveillent tout son sens du pittoresque, sa malice et sa pitié, son sens de l'observation aiguisé qui prélude, toujours avec une certaine distinction réservée, aux études naturalistes, cruelles, mordantes, exaspérées de toute la pléiade « rosse » — puisque c'est leur mot — de Montmartre.

Il a un goût tout romantique pour les vieilles bâtisses, pour les antiques architectures. Si, dans ses paysages et surtout dans les premiers, il paraît penser parfois à Corot, parfois à Constable, parfois à Millet, de loin en loin à Rembrandt, s'il fréquente les Japonais et accepte, peut-être sans s'en douter, certaines données de l'impressionnisme, en réalité, pour la plus grande part, il appartient à la famille des romantiques et de leurs dérivés, d'Isabey et d'Hervier, comme l'observait justement M. Roger Marx. Dans son vagabondage parisien, il diffère d'Auguste Lepère, curieux, ardent, robuste, mâle, ouvert à tout, le présent comme le passé, en ce que, songeur mélancolique, il semble plutôt regarder vers les choses d'autrefois. Mais sa *Place Pigalle*, pailletée par le gai soleil parisien, sa *Place Bréda*, dans sa singulière lumière d'un jour de neige, sa *Taverne du bagne*, grouillante et tapageuse, ses quais frissonnants de pluie fine et pénétrante, son *Retour des Champs-Elysées* dans l'ondée nocturne, et ses inévitables *Enterrements*, quels tableaux plus pittoresques, plus vivants et plus spontanés!

Ses impressions de mer ont quelque chose de plus grand et de plus grave. La *Baie de Saint-Malo*, le *Lever de lune à Dinard*, toutes deux presque entièrement exécutées en aquatinte, ont la beauté transparente et colorée d'une vraie peinture et tout le charme d'un spectacle conservé intact par le souvenir. Quelques-unes de ces marines atteignent même un caractère grandiose et fantastique, tel ce haut voilier traîné, dans le ciel lourd de fumée, par un remorqueur, sur les vastes eaux fauves de la Tamise, aux *Environs de Gravesend*. Enfin son *Débarquement en Angleterre*, par la nuit brouillée, les paquets de lames et la rafale qui balaie la jetée, nous conduit vers ses deux chefs-d'œuvre classiques du *Palais de Westminster* et de *Westminster Bridge*.

Ici Buhot dépasse le pittoresque; il atteint tout à fait le style. D'une part, sous la clarté cotonneuse d'un ciel opaque et chargé, aux bords des eaux miroitantes du grand fleuve laborieux, le palais du Parlement aligne sa longue masse étroite de bâtiments augustes et noirs, hérissés d'une multitude de tours, de clochetons, d'échauguettes, que dominent orgueilleusement la Tour Victoria et la Tour de l'Horloge. C'est une de ses pièces les plus sûres et les plus tranquilles. Elle fait penser à Méryon, elle est comprise avec la fermeté de pointe d'un Israël Silvestre qui aurait pu connaître Whistler ou Seymour Haden. D'autre part, dans le ciel brouillé, fumeux et fuligineux, dans cette étrange atmosphère londonienne de mystère et d'apothéose, grouille, entre les constructions sombres de Saint-Thomas-Hopital, le clocher lointain de la *Clock Tower* et des échafaudages dressés, tout un encombrement animé de *coaches*, de *hansoms*, de piétons affairés, d'élégantes promeneuses se croisant, se heurtant sur le pavé gras.

La part propre de la fantaisie s'est exercée chez Buhot dans un grand nombre d'illustrations pour les œuvres de Barbey d'Aurevilly, de Daudet ou de Victor Hugo. Il y a fait preuve d'une compréhension pénétrante de ces grands écrivains. La plus belle planche, dans cet ordre d'idées, semble l'*Esprit des villes mortes*, ces villes mortes dont il avait si bien compris toute la poésie exhumée des cendres encore tièdes du passé. Mais sa fantaisie se donne plus librement carrière à propos de ses sujets mêmes d'observation.

Une originalité bien connue de Buhot, entre tant d'autres, ce sont ses *marges symphoniques*. De la « remarque », simple notation quelconque, petit croquis très insignifiant que le graveur griffonne en marge de son œuvre,

F. Buhot. — Le palais de Westminster a Londres.

soit involontairement pour essayer sa pointe, soit à dessein pour distinguer certains états. Buhot a fait un véritable encadrement. C'est une manière à lui de s'échapper de son sujet, de fixer tout le long de la route en croquis légers qui se mêlent, se doublent, se brouillent, se confondent comme dans le rêve, tous les songes, toutes les visions, tous les souvenirs que lui suggère, pendant les longues heures de travail, la méditation lente de son sujet. Ce sont parfois de petits tableaux comiques ou lamentables qui ajoutent leurs éléments personnels d'intérêt à l'atmosphère morale de l'estampe : mouettes qui traversent ses planches marines; fiacres abattus, jambes qui pataugent, dans ses visions hivernales de Paris. Ici, autour de Westminster-Bridge, une vue lointaine et fulgurante de Saint-Paul dans le brouillard, des steamers, des

F. Buhot. — L'hiver à Paris, 1879 (Eau-forte).

gabarres, des tunnels, des trains lancés dans la nuit et toute une foule qui déborde sur les voies ; là, autour du palais législatif, des galères dorées, des écussons, des masses et des massiers, des perruques de magistrats, des seigneurs conduisant de belles dames suivies d'un page au milieu des tritons et des naïades du fleuve, des châteaux lointains et des carrosses de contes de fées et, tout en haut, dans la nuit, une figure de reine en deuil, agenouillée, sous l'œil sinistre d'un hibou.

« Ces croquis vaporeux égratignés légèrement sur le cuivre, ne sont plus seulement, écrivais-je autrefois déjà, le produit du caprice d'un dessinateur inventif, c'est comme les émanations de l'âme de ces mélancoliques paysages et de ces nobles architectures, noires, graves et solennelles. »

L'œuvre de ce modeste et de ce solitaire va donc être sortie au grand jour, pour le grand public d'un grand musée. Elle eût gagné sans doute à être examinée silencieusement, sans témoins gênants, comme dans un tête-à-tête avec l'artiste lui-même.

Il semble, toutefois, que cette présentation ne soit pas nuisible à la gloire discrète de F. Buhot. Assurément, elle ne sera pas sans profit pour les hôtes habituels des musées qui ont le goût des vraies choses de l'art. Ils y apprendront à connaître à fond une âme d'artiste, tendre et inquiète, candide et raffinée. Elle ne sera pas sans intérêt, non plus, pour les artistes proprement dits qui sauront cueillir, avec toute la fleur de poésie qui s'exhale de cette œuvre délicate, jaillie de si nobles fièvres, ce qu'elle renferme de hautes leçons de probité, de conscience et de foi.

CATALOGUE

DES ŒUVRES DE FÉLIX BUHOT

EXPOSÉES AU MUSÉE NATIONAL DU LUXEMBOURG

FÉVRIER-JUIN 1902

AVERTISSEMENT

Le catalogue si complet de M. Gustave Bourcard me dispense de tout essai nouveau et inutile relativement à l'œuvre gravé de Félix Buhot. Ses descriptions comprennent 186 pièces, gravures et lithographies, classées chronologiquement en conservant le numérotage de H. Beraldi (*Les Graveurs du* XIXe *siècle*) jusqu'au numéro 163 auquel celui-ci s'était arrêté.

Mon rôle étant limité à la présentation d'un choix d'ouvrages destiné à fixer exclusivement la physionomie artistique de ce graveur, je n'ai pas cru devoir suivre cet ordre et il m'a paru préférable de la faire connaître sous les diverses faces de son inspiration. C'est pourquoi j'ai groupé ici ses estampes suivant la nature de ses sujets de prédilection.

J'ai conservé les titres donnés par M. Bourcard et j'y ai joint le numéro qui permet de se référer à son catalogue ou à celui de M. H. Beraldi pour les 163 premières estampes. Toutes les indications relatives au procédé de gravure sont empruntées au travail de M. Bourcard. J'ai déjà indiqué suffisamment les habitudes techniques de Buhot au cours de l'étude qui précède pour qu'il soit nécessaire de revenir sur ce point.

BIBLIOGRAPHIE

Gustave Bourcard, *Félix Buhot, peintre-graveur*, 1847-1898. Catalogue descriptif de son œuvre gravé avec une préface d'Arsène Alexandre. H. Floury, éditeur, 1899.

Arsène Alexandre, préface du livre précédent.

Philippe Burty. *Félix Buhot, painter and etcher*. Harper's new monthly Magazine, vol. LXXVI, février 1888. (Avec illustrations.)

Le même, *Catalogue of an Exhibition of the Etched Work of Félix Buhot with an introduction by Philippe* Burty. Fréderick Keppel et C°, New-York, 1888.

Henri BERALDI, *Les graveurs du XIXe siècle*, t. IV, 1886, p. 25 à 35.

Roger MARX, *Félix Buhot*, *Le Voltaire*, jeudi-vendredi 16-17 juillet 1896, etc.

Octave UZANNE, *Un illustrateur aquafortiste : Félix Buhot*. (Avec illustrations et reproduction en français de l'article de Ph. BURTY du Harper's new monthly Magazine.) *Le Livre, revue du monde littéraire*, 10 mars 1888.

Léonce BÉNÉDITE, *Le palais de Westminster* à propos des gravures de Félix Buhot (avec illustration). *Magasin Pittoresque*, 15 janvier 1899.

Raymond BOUYER, *Félix Buhot*. *L'Estampe et l'Affiche*, 15 février et 15 août 1899.

Association amicale des anciens élèves du collège de Valognes. *Notices biographiques sur les associés défunts*, par M. DROUET, secrétaire de l'association. Valognes, Imprimerie du *Journal de Valognes*. 1898.

Le Bouais-Jan, revue normande illustrée. — Emile ENAULT, *Félix Buhot ;* François ENAULT, H. MAUDUIT. *M. Buhot au Bouais-Jan*.

*
* *

Félix Buhot a écrit lui-même un certain nombre d'articles relatifs à son art qui ont paru, à peu près tous, dans le *Journal des Arts*. Ils sont signés de son nom ou, quelquefois, des pseudonymes de *Pointe-Sèche* ou de *Van der Myssel*. On lui doit notamment :

Un musée d'estampes au Louvre, paru dans le journal ci-dessus, 21 novembre 1884.

Les salles d'estampes dans les musées de province (25, 28 novembre ; 2, 5, 9, 12, 19, 23 décembre 1884 ; 10 février, 6 mars 1885).

Théodore Chassériau et la Cour des Comptes (30 décembre 1884).

A propos de la prochaine Exposition de noir et de blanc au Pavillon de Flore (27 février, 3 mars 1885).

Les Musées-Bibliothèques et le mémoire de M. Beaurain (5 novembre 1885).

Impressions premières de « Pointe-Sèche » sur l'Exposition de blanc et noir ; La gravure et la lithographie à l'Exposition de blanc et noir (22 mars, 13 et 23 avril 1885).

Le passé et l'avenir de la Chalcographie (7 janvier 1887).

Le musée des graveurs abbevillois (14 janvier 1887).

Les filigranes des vieux papiers (16, 23, 30 décembre 1887).

La galerie municipale des estampes à Rouen (23, 30 mars 1888).

Les peintres graveurs d'outre-mer et d'outre-mont (3 mai 1889), etc., etc.

ERRATUM

F. Buhot, porté, au cours de cette étude, comme mort en mai 1898, est mort exactement le 26 avril 1898.

DESCRIPTION DES OUVRAGES EXPOSÉS

GRAVURES ORIGINALES

ETUDES D'ANIMAUX

1. — *Les ânes de Saint Médard* (fragment de la planche intitulée : *Environs de l'ancien collège Rollin.* — N° 38, Cat. Bourcard).

H. 0,120; L. 0,218.
Eau-forte, parue dans *Paris à l'eau-forte.*

Cat. Bourcard, n° 38 *bis.*

2. — *Croquis d'ânes.*

H. 0,270; L. 0,218.
Eau-forte pure.

Cat. Bourcard, n° 55, planche divisée en deux pour paraître dans *Paris à l'eau-forte.*

3. — *Cacoletière au nuage blanc.*

H. 0,010; L. 0,098.
Eau-forte et aquatinte, 2 états; 2e état.

Cat. Bourcard, n° 61.

4. — *Cochons au soleil.*

H. 0,095; L. 0,112.
Pointe sèche, aquatinte, roulette. — 3 états; 3e état.

Cat. Bourcard, n° 64.

5. — *Les gardiens du logis* ou *les amis du saltimbanque.*

H. 0,080; L. 0,115.
C'est l'une des planches absolument inédites jusqu'à ce jour qui accompagnent le présent catalogue. Exécutée d'après nature. Pointe sèche, lavis, etc. — 2 états; 2e état.

Cat. Bourcard, n° 76.

6. — *Les oies;* 1887.

H. 0,154; L. 0,256.
Eau-forte, pointe sèche et aquatinte. — 4 états; 4e état.

Cat. Bourcard. 166.

SCÈNES DE PROVINCE; PAYSAGES MARINES

7. — *Ma petite ville* (Valognes, 1872), première planche sur cette composition deux fois répétée. Elle porte aussi le titre gravé en bas, à gauche : *Après la pluie.*

H. 0,120; L. 0,159.
Eau-forte, aquatinte, pointe sèche. — 3 états; 2e état.

Cat. Bourcard, n° 27.

8. — *Petit paysage,* en hauteur (un des premiers essais d'eau-forte).

H. 0,098; L. 0,030.
Eau-forte pure. 1 état.

Cat. Bourcard, n° 39.

9. — *En province; la maison d'Orléans* (Valognes).

H. 0,135; L. 0,090.
Eau-forte pure. — 2 états; 2e état.

Cat. Bourcard, n° 65.

10. — *Le couvre-feu* (Valognes). 1872, deuxième planche sur ce sujet.

H. 0,080; L. 0,100.
Eau-forte et aquatinte. — 3 états; 2e état.

Cat. Bourcard, n° 66.

11. — *Le Réveillon,* 1872.

H. 0,160; L. 0,088.
Eau-forte, aquatinte, pointe sèche, etc. (Pour *Paris à l'eau-forte.*) — 3 états; 3e état.

Cat. Bourcard, n° 67.

12. — *Pluie et parapluie.*

H. 0,118; L. 0,080.
Eau-forte et aquatinte. — 2 états : 1er état.

Cat. Bourcard, n° 68.

13. — *La ronde de nuit*. 1878.

H. 0.130 ; L. 0.141.
Eau-forte et pointe sèche. — 2 états : 1er état, épreuve unique.

Cat. Bourcard, n° 70.

14. — *L'angelus ;* appelé aussi *le Crépuscule* (paru dans *Paris à l'eau-forte*).

H. 0.152 ; L. 0.110.
Eau-forte. — 3 états : 3e état.

Cat. Bourcard, n° 72.

15. — *Les voisins de campagne*, 1878, avec marges gravées.

H. 0.245 ; L. 0.180.
Eau-forte et pointe sèche. — 5 états : 5e état.

Cat. Bourcard, n° 148.

16. — La même ; contre-épreuve.

17. — *Les grandes chaumières*, 1881.

H. 0.140 ; L. 0.274.
Pointe sèche et eau-forte. — 5 états : 5e état.

Cat. Bourcard, n° 150.

18. — *Les bergeries : Soleil couchant ;* 1881.

H. 0,130 ; L. 0.270.
Eau-forte, pointe sèche et remorsure. — 4 états : 3e état.

Cat. Bourcard, n° 151.

19. — *Le peintre de marines*.

H. 0.130 ; L. 0.207.
Pointe sèche et aquatinte légère. — 2 états : 2e état.

Cat. Bourcard, n° 146.

20. — *La falaise ; baie de Saint-Malo*. Avec marges symphoniques, commencée en 1886, finie en 1889-1890.

H. 0.296 ; L. 0398.
Eau-forte, pointe sèche et aquatinte. — 5 états : 5e état.

Cat. Bourcard, n° 165.

21. — *La même*.

H. 0.224 ; L. 0.290.
2e état.

22. — *La messe de minuit*, 1887 ; croquis dans les marges.

H. 0.334 ; L. 0.444.
Eau-forte teintée. — 1 état.

Cat. Bourcard, n° 169.

23. — *L'église de Jobourg*, 1887.

H. 0.200 ; L. 0.310.
Eau-forte, lavis et pointe sèche. — 2 états ; 2e état.

Cat. Bourcard, n° 170.

24. — *Un grain à Trouville*.

H. 0,161 ; L. 0.240.
Eau-forte et aquatinte. — 4 états ; 4e état.

Cat. Bourcard, n° 122.

25. — *Embarcadère à Trouville*.

H. 0.196 ; L. 0.273.
Eau-forte et pointe sèche. Estampe parue dans l'*Illustration nouvelle*, 1er décembre 1877. — 3 états : 3e état.

Cat. Bourcard, n° 126.

26. — *La même*.

Contre-épreuve.

27. — *Le port aux mouettes*, 1886. Avec marges symphoniques.

H. 245 : L. 0.354.
Aquatinte, lavis, pointe sèche, etc. — 4 états : 4e état.

Cat. Bourcard, n° 162.

28. — *Lever de lune à Dinard*, 1891.

H. 0,340 ; L. 0,434.
Eau-forte, pointe sèche et aquatinte, etc., estampe non terminée.

Cat. Bourcard, n° 179.

PARIS

29. — *Le puits de la Butte-aux-Cailles*. Pour *Paris à l'eau-forte*.

H. 0.106 ; L. 0.074.
Eau forte pure. — 2 états ; 2e état.

Cat. Bourcard, n° 41.

30. — *Les ânes de la Butte-aux-Cailles*. Appelée aussi *les ânes de la Bièvre*.

H. 0.070 ; L. 0. 115.
Eau forte pure. — 1 état.

Cat. Bourcard, n° 74.

31. — *La fête nationale*.

H. 0.317 ; L. 0.236.
Eau-forte, arrêtée au 1er état, d'une composition reprise plus tard sous un autre aspect : état tiré à 4 épreuves.

Cat. Bourcard, n° 81.

32. — *Le retour des artistes.*

H. 0,207 ; L. 0,316.

Commencée à la pointe, terminée à l'eau-forte et à l'aquatinte. Parue dans l'*Illustration nouvelle* du 1er juin 1877. — 4 états ; 3e état.

Cat. Bourcard, no 125.

33. — *L'hiver à Paris* ou *la neige à Paris* (appelée aussi quelquefois *la place Bréda*). Avec marges symphoniques. 9 décembre 1879.

H. 0,237 ; L. 0,350.

Eau-forte, vernis mou, aquatinte : le 3e état a été publié dans l'*Art* (27 janvier 1881). — 5 états ; 3e état.

Cat. Bourcard, no 128.

34. — *La même.*

3e état.

35. — *La place Pigalle*, en 1878. Signée en bas, à gauche.

H. 0,237; L. 0,345.

Eau-forte, vernis mou, aquatinte, pointe sèche. — 5 états (?) : 2e état.

Cat. Bourcard, no 129.

36. — *Une matinée d'hiver au quai de l'Hôtel-Dieu*, connue aussi sous cette désignation : *les Fiacres*.

H. 0,240 ; L. 0,320.

Eau-forte, pointe sèche, remorsure d'eau-forte. — 4 états (?) : 3e état.

Cat. Bourcart, no 123.

37. — *Matinée d'hiver sur les quais*, sorte de répétition avec modifications du no 123 : *les Fiacres*.

H. 0,250 ; L. 0,350.

Eau-forte, aquatinte, pointe sèche et roulette. — 5 états (?) ; 4e état.

Cat. Bourcard, no 158.

38. — *Le petit enterrement.*

H. 0,087; L. 0,114.

Cette planche accompagne le présent Catalogue. Eau-forte, aquatinte, pointe sèche, roulette, etc. — 2 états; 2e état.

Cat. Bourcard, no 134.

39. — *Convoi funèbre au boulevard de Clichy.* Avec marges symphoniques, 1887.

H. 0,298 ; L. 0,399.

Aquatinte, pointe sèche, roulette ; tirée à l'aide de deux cuivres, en couleur ou avec dorures. — 3 états ; 3e état.

Cat. Bourcard, no 159.

40 — *La même.*

3e état sans or.

41. — *La place des Martyrs et la taverne du Bagne ;* ou plus simplement : *La taverne du Bagne*. Avec marges symphoniques, novembre 1885.

H. 0,340 ; L. 0,449.

Eau-forte, aquatinte, etc. — 3 états ; 3e état.

Cat. Bourcart, no 163.

42. — *La même.*

1er état.

ANGLETERRE

43. — *Un débarquement en Angleterre*, 1879. Avec marges symphoniques.

H. 0,300; L. 0,180.

Eau-forte, aquatinte, pointe sèche. — 5 états; 5e état.

Cat. Bourcard, no 130.

44. — *La même.*

Même état ; tirage différent.

45. — *Une jetée en Angleterre*, Folkestone, 1879.

H. 0,209; L. 0,201.

(Cette planche est une sorte de contre-partie du numéro précédent.) Pointe sèche, lavis et finalement morsure à l'eau-forte. — 4 états ; 2e état.

Cat. Bourcard, no 132.

46. — *La traversée*. Avec marges symphoniques.

H. 0,320 ; L. 0,240.

Eau-forte, pointe, remorsure et aquatinte. — 2 états ; 2e état.

Cat. Bourcard, no 143.

47. — *Un vieux chantier à Rochester*. Rochester, 1879.

H. 0,120 ; L. 0,280.

Eau-forte et aquatinte.— 2 états ; 2e état.

Cat. Bourcard, no 147.

48. — *Petite marine. Souvenir de Medway.* Rochester, 1879.

H. 0,169 ; L. 0,217.

Eau-forte, pointe sèche, aquatinte. — 5 états ; 5e état.

Cat. Bourcard, n° 153.

49. — *Westminster Palace*, 1884. Avec marges symphoniques.

H. 0,289 ; L. 0,396.

Eau-forte et pointe sèche (exposée en 1889, à l'Exposition universelle). — 5 états : 5e état.

Cat. Bourcard, n° 155.

50. — *La même.*

4e état : épreuve unique.

51. — *Westminster Bridge* (ou *Westminster Clock Tower*). 1884. Avec marges symphoniques. Pendant de la planche précédente. Eau-forte, pointe sèche et aquatinte.

H. 0,283 ; L. 0,396.

6e état.

Cat. Bourcard, n° 156.

52. — *La même.*

4e état.

53. — *Environs de Gravesend. Souvenir de la Tamise*, 1885. (Appelée aussi par l'auteur quelquefois *la grande marine* ; quelquefois, mais plus rarement, ajoute M. G. Bourcard, *l'embouchure de la Tamise*.)

H. 0,258 ; L. 0,350.

Eau-forte, pointe sèche, aquatinte. — 7 à 8 états ; 6e état.

Cat Bourcard, n° 157.

54. — *La même.*

2e état.

DIVERS

FANTAISIES, ILLUSTRATIONS, ETC.

55-57. — *Japonisme.*

Masque en bois.

H. 0,187 ; L. 0,149.

Pharmacie ivoire.

H. 0,188 ; L. 0,147.

Cavalier bronze.

H. 0,238 ; L. 0,160.

Crapaud bronze.

H. 0,257 ; L. 0,153.

Objets faisant partie de la collection de Philippe Burty (10 eaux-fortes, avril 1885).

Eaux-fortes pures tirées sur divers papiers. Les estampes ici cataloguées, sur Japon ou sur Chine jaune à semis d'or.

Cat. Bourcard, nos 12, 13, 17, 18.

58. — *Frontispice* pour *l'Illustration nouvelle*. 1877, ou *l'Enterrement du burin*.

H. 0,348 ; L. 0,230.

Eau-forte et remorsure, terminée avec quelques travaux de pointe et d'aquatinte. — 5 états ; 5e état.

Cat. Bourcard, n° 124.

59. — *Liseuse à la lampe.*

H. 0,181 ; L. 0,131.

Eau-forte et léger grain d'aquatinte. — 2 états : 2e état.

Cat. Bourcard, n° 137.

60. — *Les esprits des villes mortes*, 1886. Exposition universelle de 1889. Reproduction du dessin-frontispice pour *les Rayons et les Ombres* (voir n° 93).

H. 0,288 ; L. 0,390.

Eau-forte, pointe sèche, roulette, aquatinte, travaux divers. — 5 états ; 5e état ; tirage spécial à 3 exemplaires.

Cat. Bourcard, n° 160.

61. — *La même.*

3e état.

62. — *Le hibou.* Avec marges symphoniques, 1883. Planche gravée pour servir de frontispice à un album projeté des gravures de l'artiste.

H. 0,445 ; 0,324.

Travaux divers : eau-forte, aquatinte, lavis, pointe sèche, etc. — 4 états ; 4e état.

Cat. Bourcard, n° 161.

63. — *Baptême japonais*, 1887.

H. 0,219 ; L. 0,132.

Essai de gravure *à la plume*. — 2 états ; 2e état.

Cat. Bourcard, n° 167.

64. — *Le château des Hiboux*, 1887. Formant l'ex-libris Lerey.

H. 0,114 ; L. 0,179.

Eau-forte, aquatinte, pointe sèche. — 4 états ; 3e état.

Cat. Bourcard, n° 168.

65. — *La tiare*, 1888. (La tiare exécutée par Froment Meurice pour être offerte au pape Léon XIII).

H. 0,394; L. 0,325.

Eau-forte, pointe sèche et aquatinte. — 3 états; 3e état.

Cat. Bourcard, n° 173.

GRAVURES DE REPRODUCTION

66. — *Le soir*, d'après Corot, 1878.

H. 0,137; L. 0,165.

Eau-forte et pointe sèche. — 5 états; 5e état.

Cat. Bourcard, n° 9.

67. — *L'orage*, d'après Constable. Croquis dans la marge, à gauche.

H. 0,150; L. 0,225.

Pointe sèche non ébarbée, roulette. — 3 états, 2e état.

Cat. Bourcard, n° 145.

LITHOGRAPHIES

68. — *Le petit chasseur*; également dénommée : *Matinée d'automne*.

H. 0,260; L. 0,318.

2 états; 2e état.

Cat. Bourcard, n° 181.

69. — *Enfant dessinant* (le fils de l'artiste); avec divers croquis.

H. 0,320; L. 0,250.

Cat. Bourcard, n° 182.

70. — *The Enbankment Westminster*, Londres, 1892. Pour l'album des *Peintres lithographes*.

H. 0,355; L. 0,223.

Cat. Bourcard, n° 183.

71. — *The Victoria Clock Tower, London*. 1893. Pour le *Traité de lithographie artistique* de E. Duchâtel.

H. 0,035; L. 0,240.

Cat. Bourcard, n° 184.

PEINTURES, GOUACHES, DESSINS

72. — *Une station de fiacres, à Paris*, 1878.

Étude qui a servi aux planches nos 36 et 37, etc.

Peinture.

H. 0,17; L. 0,21.

73. — *Les voisins de campagne*.

H. 0,12; L. 0,14.

Étude pour la gravure du même nom, n° 15.

Plume, gouache et encre de Chine; 1878 (?)

74. — *Chaumières de Quinéville*.

H 0,18; L. 0,35.

Peinture, 1881. (Étude pour les *Grandes chaumières*.)

75. — *Kermesse normande*, Valognes, 1880.

H. 0,41; L. 0,53.

Plume et gouache.

« Usons des biens que le ciel nous envoye.
Il ne faut pas, faute d'un peu de joye,
Le bec dans l'eau, la mort précipiter,
Car les anciens nous ont montré la voye.
Faict-il pas bien qui les peut imiter? »
Olivier Basselin, *Vaux de Vire*.

Marges à fond d'or, avec sujets rustiques; en bas, autour d'un pichet couronné d'une branche de pommier, près de sabots et de pommes éparses : *Aux vrais amis du jus de la pomme*.

76. — *Retour de foire*.

H. 0,29; L. 0,50.

Plume, gouache, pastel.

77. — *Souvenir de la Tamise*.

H. 0,28; L. 0,40.

Gouache : reproduit dans la gravure. *Environs de Gravesend*, n° 53.

78. — *Brick naufragé; la Marie-Thérèse*. 1886.

H. 0,35; L. 0,50.

Gouache et pastel.

79. — *Taverne du Bagne*.

H. 0,27; L. 0,39.

Peinture à l'huile.

Etude pour la gravure, n° 41.

80. — *La rue de Cherbourg, à Valognes*, 1884.

H. 0,33; L. 0,44.

Dessin et gouache (Musée national du Luxembourg).

81. — *La rue du Gisor* ou Gisaurd, vue des marches du Palais de Justice, à Valognes (25 août 1884).

H. 0.36 ; L. 0,27.

Dessin. gouache et pastel (Musée national du Luxembourg).

82. — *Valognes*, vue de l'un des passages conduisant à la rivière Merderet. dans une maison de la rue de l'Officialité.

H. 0.41 : 0,29.

Dans un coin du haut, à droite : 2e dessin : « Porte de la maison intérieure de l'autre côté du passage ». Valognes, 18 août 1884. Crayon et gouache.

83. — *Après le couvre-feu; Valognes*, 5 août 1884.

H. 0.31 ; L. 0.23.

Crayon et gouache.

84. — *La chasse Gréville;* côté Est. Valognes, 9 septembre 1884.

H. 0.40; L. 0.27.

Crayon et gouache.

85. — *Valognes*, 18 août 1884. « La maison au bas de l'Islot ».

H. 0.28; L. 0.35.

Crayon et gouache.

86. — *Valognes*. Pavillon et tourillon dans la cour d'entrée de la maison actuelle des frères de la doctrine chrétienne, rue de l'Officialité, 1884.

H. 0.39; L. 0.29.

Crayon et gouache.

87. — *Le cimetière à Valognes*, 1885.

H. 0.42 : L. 0.55.

Crayon et gouache.

88. — *Valognes*, 5 avril 1886. Vue prise du chemin abandonné (ancienne ruelle fermée sous le mur du parc de l'hôtel du Mesnildot).

H. 0.27 : L. 0.36.

Plume, gouache et crayon (Musée national du Luxembourg).

89. — *Valognes; rue de l'Officialité;* cour Dusseaux, 20 avril 1884.

H. 0.38 ; L. 0.27.

Crayon et gouache.

90. — *Dinard, chemin de la Vicomté*, octobre 1886. Crayon et pastel.

H. 0,30 ; L. 0,52.

(Exposition centennale de 1900.)

91. — *La cale des Anglais ; Dinard*, 1888.

H. 0.35; L. 0.46.

Gouache et pastel.

92. — *Dinard ; le château noir*, « construit, dit la légende, par the Black Prince, XIVe siècle ».

H. 0,29; L. 0,31.

Aquarelle gouachée.

— Projet d'illustration pour les *Rayons et les Ombres* de Victor Hugo ;

Gouaches.

93. — Frontispice qui a inspiré l'*Esprit des villes mortes*, 1885. Voir n° 60.

H. 0.22 ; L. 0.35.

94. Il faut que le fronton s'effeuille comme un arbre.
Il faut que le lichen, cette rouille du marbre,
De sa lèpre dorée au loin couvre le mur...

H. 0.25 ; L. 0.22.

95. — « *Regard jeté dans une mansarde*. »

H. 0.35 ; L. 0.21.

L'Église est vaste et haute. A ses clochers superbes
L'ogive en fleur suspend ses trèfles et ses gerbes.

96. — *Philosophe au milieu de ruines*, toutes sortes de figures autour de lui.

H. 0,33 ; L. 0 23.

97. — Si parfois, oiseau solitaire,
Tu redescends sur cette terre.
Tu te poses sur un tombeau.

H, 0.18; L. 0.26.

98. — *Figures dans la neige*.

H. 0.48 : L. 0.27.

TABLE DES MATIÈRES

GRAVURES HORS TEXTE

ÉVREUX, IMPRIMERIE DE CHARLES HÉRISSEY

www.ingramcontent.com/pod-product-compliance
Ingram Content Group UK Ltd.
Pitfield, Milton Keynes, MK11 3LW, UK
UKHW021040180726
13838UKWH00004B/1915